Large Print

SPANISH
Activity
Book
For
ADULTS

1

Word Search, Word Fill-ins, Sudoku, Mazes & Coloring pages

D1275451

J.S.Lubandi

Published by: Jaja Books

Printed and Bound in USA
copyright © 2019 J.S.Lubandi

ISBN: 9781706661764

¡Los rompecabezas son pura diversión!

Fútbol

```
B Z Q U A E J E Z M E F H N H
G O B N T P T R Z V Q T D A A
C C R P T R L T H I U J M G D
L S Z R O N L A Y W I G I R A
D A C C A Y T Q S N P L A G R
J K E G P D G P M T O B O P E
Á R B I T R O P A J A R V F N
D Z R A I Á M R D R D R A R A
O E C S T G A D G Q H L C A W
M O R P U I O J R R N N I C G
I P O R D L U N G D U E Ó T O
N F A R O Z C D P A N P N U L
A L A S N T A N T E O L O R P
R U M M E O A E C O G R N A E
G W B U A S X Z G L X I D X S
```

ÁGIL	DOMINAR	GRUPO
APLASTAR	DROGA	GUARDIA
APTITUD	EQUIPO	LIGA
ÁRBITRO	FAMA	OVACIÓN
ARENA	FRACTURA	PASES
BORRADOR	GOLPES	RECORTE
DERROTA	GRABAR	TANTEO

1

Rellenos De Palabras #01

1	2	3	4	5	6		7	8	9	10	11

Word list (right column):

AIRADA
ARREAR
ASADOR
CANESÚ
CÍCERO
DIRHAM
DONOSA
DRESDE
GORDAS
ÍDOLOS
IMANAR
ISABEL
LIBERA
LINEAL
MOHOSA
NIPONA
OSADOS
OSTIÓN

7 Letras

OVILLAR

8 Letras

ASOLANAR
COMARCAL
EYECCIÓN
GUSTILLO
MANÍACAS
SILABEAR

3 Letras

ALÁ
COM
MUY
POP
RAS
RED
RES
ROA
SES
SOL

4 Letras

ABEL
ABRÍ
ALTA
ARIA
ARRE
BÓER
CLUB
ECHA
EDIL
ETNA

IODO
OBÚS
OLOR
OSCA
PONE
POPA
SEAS
SEMI
SERA
VAHO

6 Letras

2

Sudoku

1								
	5			2			6	9
4		3	6		1			
9	4		5				1	
5				9		8		4
	3	2		1	6	9	5	
			7				4	1
3	7			4	2	6	9	
			8	5			7	2

				5				8
2	3	1		8				
	8				9		2	4
	6	3	2	9		7		1
		4	5			6		9
7				6		4	5	2
1	7	2		3				
		6	1		8			
						9	1	5

#01

COMIENZO

FIN

#02 Telas

```
F C N F I O N O F A I L L E A
R H Z Z A Ó T C S H S Y D Y N
A C S P D A B A T I K D O L G
N M O O P X G O O E P I B M O
E R G O K R D M C H Q Á L Z R
L L T Z R I K S V O G F E W A
A L B E N E Q O G F T A Z L N
G O N U N R D I P R E N D A E
G V E M C A V M H F J O J T E
F R Y U C A F Z O A C T R E Q
I L N O B O R D A D O A P A Y
K U R Z D R P Á P H A E B R I
Y B X R B Q J I N I R J E I B
V M B E P A N A R C E L O N A
S Z A F U B Q C C K E L J F L
```

ALGODÓN	CREPE	MODA
ANGORA	DIÁFANO	PANA
ARTE	DOBLEZ	PATO
BATIK	FAILLE	PIEL
BORDADO	FRANELA	PRENDA
BROCADO	GASA	REUNIDO
BUCARÁN	LONA	ROPA

6

Rellenos De Palabras #02

6 Letras

ARRIAR

DADORA

ENORME

GATADA

ÍGNEAS

JAULAS

NOMBRA

PASTAS

RENANO

SCREEN

SOASAR

TANATE

TENÍAN

ZANJAR

7 Letras

AMOBLAR

ENCARNE

NARRADA

TORNEOS

8 L Etras

ASESORAR

BOHEMIOS

CONTAGIA

INFECTAR

TALA

TEAM

5 Letras

AARÓN

ÁMALO

ASTER

HERTZ

SERÁS

SLANG

TARDE

TRIAR

ZLOTY

AMAS

ANOS

ARAR

DADA

ESOS

FETO

MUDÓ

OÍAN

ORAR

ÓSEA

PETO

SNOB

3 Letras

ANO

ARE

ARÓ

CAZ

COA

ENE

ETC

ORO

SER

YAC

4 Letras

Sudoku

3	5			1	9			8
	6				7		3	
			2	3	9			6
	2		8	5	6			
5					2		8	
			3			2	9	
8								9
	9			6			7	
2	7			9		8		4

3					7		5	
	1	4	3		2		7	9
7						6		2
	7			3		9		
1		6		2	9	7		
	5				8		1	
	6	1	4			2		
		2	7			5		8
8			9	6			4	

8

COMIENZO

FIN

Cuerno #03

```
G R A N O S B W S K D E Q K H
P C A L O R Í A S Y P L A T O
V S A B O R C Z N L A R O M A
M I G U C D Q O F Q Y P Q X O
X E D B Q Q G C L V U Z T T M
B A Z R B O C T E O H E I C E
M N J C I Q L K V E R T T O N
I M F C L A G L U T E N D E B
H W O C A D L Z P W I Z I Q
Q O F C N P I O A G L M F P I
Q T R I N W A R A L L A R O G
N M R N U E O R U I T E E S Y
H A B E E T D M T E W R S T S
H S T R J A D E I E K E C R M
K A Q O W G R D G R L I O E E
```

APETITO	FRESCO	MULLIDO
AROMA	GLUTEN	PARTE
BANQUETE	GRANOS	PLATO
CALORÍAS	HARINA	POSTRE
COCINERO	HORNEAR	RALLAR
COLOR	MASA	SABOR
DIETA	MEZCLA	VIDRIADO

Rellenos De Palabras   #03

1	2	3	4	5	6	■	7	8	9	10	11	12
13						■	14					
15						■	16					
17			■		■	18			■	19			
	■	20		21			■	22				
23	24		25			■	26					
■	27				28				■			■
29	30			■	31						32	
33			■	34			■		■			
35		■	36			■	37		38	39		
40		41			■	42		43				
44					■	45						
46					■	47						

BASAN
BOBAS
HOGAR
MOTOR
VOLVÍ

6 Letras
ANDABA
APODOS
ASADOR
ASOLAR
BACETA
DAÑINO
DÉCIMA
EDUCAN
EVITEN
IMANAR
ISRAEL
LIMEÑA
MEOLLO
ONCENA
OREJAS
RESIDE
TOLOSA
VEREDA

7 Letras
PISANDO
REDONDA

8 Letras
DISIMULO
EJECUTEN

3 Letras
ADN
ALÁ
ASÍ
AÚN
CID
COL
COM
LOA
MIS
MUS
NAO

NON
PUS
RED
REM
RIN
SIC
TIC
USA
UVE

4 Letras
APIS
ELBA

ERIE
HUNO
IBÓN
ÍDEM
LEVÉ
MASA
RIGE
RODÓ
SENA
TITÍ

5 Letras
AUNAR

12

Sudoku

9				8		3		6
			7		6	8		
		5	2	3			7	
5					2			8
4					7	2		
2	1	3		9		6	4	7
		1		2	3		9	
		9	1		5			
8		2				1		

	1		4	2	9			
4		9	1			3		8
							4	
3	7	8	2			4		5
9			7		5		3	1
				6				
		1	6	5			8	
								7
6				3		5		4

#03

COMIENZO

FIN

Los Dinosaurios

```
C R I A T U R A F D X Z I V A
Y O B L I T E R A R T D Q R A
B E A E B J L W O Q D I X A R
C Y C D S N E M R D J S S S E
R R G E B T E A Y L T E S U G
I L R A B T I E N O R M E S K
T H O C I C O A H P P O V T R
T Y T O I Z W P Z A E R G O E
E V E T I Y H A V L G T D N E
R S S Á G I L R B Z C A T R B
M U C E M Í T I C O L L G E Í
J O O A V R M C G O K Q J P P
M N B M M E Z I V M A M U T E
U M N B T A B Ó Z M U I A I D
B N Q M G E S N K C A H N L O
```

ÁGIL	ESCAMAS	OBLITERAR
APARICIÓN	GROTESCO	PRESA
BESTIA	HOCICO	REPTIL
BÍPEDO	JUSTICIA	SUSTO
CRIATURA	MAMUT	TEMIBLE
CRITTER	MÍTICO	TEMOR
ENORME	MORTAL	VOLADOR

Rellenos De Palabras #04

CELOSA
DANESA
ÉRAMOS
ERASMO
ESCUDO
LINDAR
MADRID
MESERO
ORADOR
ORANDO
OSARAS
PRIVAR
ROSADO
SACARÁ
SARAOS
TERCAS
VERNAL

7 Letras

CARNETS
DEMONIO
LEVEDAD
MELOSOS
MODERNA
OTOMANA

9 Letras

ESLOVENOS
LAMENTOSO

ÁNGEL
ANULA
EMULA

6 Letras

ÁMALAS
AMPARA
ANANÁS
ASIGNÉ
AVALES
AYUDEN
BUCEAR

EDAD
ERAL
ERAN
OYES
RAID
RAND
SIDO
TACO
UREA

5 Letras

ACNÉS

3 Letras

ALE
BET
DOS
ÉSO
LEV
NOS
ODA
SOR

4 Letras

ALEA

17

Sudoku

8				3			4	
	7		5	6				
9	1				4	6		
	3	1		8			9	
					2	3		
	4	8					1	2
		4	3				5	7
		7	8	4	9			
6					7			3

3			4	9		2		
9	6				8			
		7	3			1		
	9	4		3				
8	2		6				4	7
2	3			8		4		
6			9	5		7		1
5		1	2		4	8	3	9

COMIENZO

FIN

#04

```
E V C E L O S O J X A A E B I
X J I Y E U T T T O T R Q P L
G B S E W S H Q D T G M L R O
J W M M E Z D A D E E X P E L
A R K N M G M Y L A S C O V F
I H O S T I L A C V G U D E R
S H T A N J F M A Ó L T T R U
L A M A R G O A R X M N O V S
A B A T I D O B I I E I K Y T
D W B C U U C L Ñ C S L C G R
O G L K K R G E O M R I A O A
E F L V G O A N S I E D A D D
G O T U S I I O O J C D T E O
F U R I O S O K I P Á N I C O
T J T O S M A O X H B R X A B
```

ABATIDO	ASCO	FURIOSO
AISLADO	CARIÑOSO	HONESTO
ALEGRE	CELOSO	HOSTIL
AMABLE	CÓMICO	INOCENTE
AMARGO	DURO	MEDIA
ANIMADO	FOLK	PÁNICO
ANSIEDAD	FRUSTRADO	PREVER

Rellenos De Palabras #05

OCRES
PISOS
PRIMA
RICOS
SACAR
SAETA
TIENE
TUBOS
YERTO

6 Letras
OCTETO
PASARA

7 Letras
AMOROSO
ASOLEAR
BAALITA
CABARET
ERRANTE
IBÉRICA
OREJANA
PAYASOS
PIENSAN
RIBETES
SALONES
SIESTAS

8 Letras
ETCÉTERA
ILLINOIS

3 Letras
AJO
ARA
BEL
BIS
BOA
CLO
CPU
ÉSA
IRÁ
LEO
NET

PÚA
RIÓ
SIN
TAL
TOS

4 Letras
BLOC
BRUT
DATÉ
IBÓN
NASA
OPTE

RIAD
SNOB

5 Letras
ABRAN
ABREN
ARANA
BICHA
CEIBA
HATOS
NABOS
NASAS
OBRAN

Sudoku

#09

5			8		6	9	2	
8					9			
	4	9			7			
6	1		4			5		7
		4			5	6	9	3
9		8				4		2
	7	1	9		8	2	5	
2	9			6				1
	8		2			7		

#10

				1				3
	8				5		6	
	9	6					2	
8	7					5		4
	2		1		3		7	
		1						9
			4		2		9	
5			9	6				1
4	6	9		8	1		5	

#05

FIN

24

Fuerza Y Gravedad

```
C O L A P S O E X P L O R A R
C D A R M L A V I A C I Ó N S
Q I C M G P O L C A G R N D D
G L C J P O D E I E Y Q S I O
Z E Q L T W L C V Q H K Q S P
N M D C O J N H A L A R L E P
J A E E X A M E N V R U O Ñ W
D F F O T C X R M E P C R O I
E B U S Y I V F I M K A B H N
Y N I P N A H I I M E R I U E
Y D E Q Z J C A T R P G T U R
Z Y A R V O O A C O C A A M C
W E E V G C O U L E G R C Q I
G U Í A X Í P I L O L K D T A
F W M K R L A Q Q E R E E U O
```

AVIACIÓN	DISEÑO	GUÍA
CALOR	DISTANCIA	HALAR
CARGAR	EFECTO	IMPACTO
CICLO	ENERGÍA	IMPULSO
COLAPSO	EXAMEN	INERCIA
CREAR	EXPLORAR	JOULE
DILEMA	FUERZA	ORBITA

Rellenos De Palabras #06

BÓRAX
COBRA
CROCO
INUIT
LAXOS
METER
ULTRA
6 Letras
AVANZA
BÉTICA
BOLERO
DOMINE
ENORME
IRREAL
ITALIA
NIÑEAR
OBRADA
OCÉANO
RUECAS
USARSE
7 Letras
ALCANZÓ
COULOMB
RECAMAR
TRAUMAS
8 Letras
ACAMPADA
AEROLITO

BLOC	ORA	**3 Letras**
ERIE	OVO	ATA
HICE	POS	DAS
OLMO	PRO	DOS
OREA	RED	ERA
OTRO	RÚA	HER
RUBÍ	SET	IRÉ
SOÑÓ	SIN	LEÍ
5 Letras	SOS	LEU
ÁCIDO	TIC	MÁS
AGUAR	TOS	MOL
ATRAE	**4 Letras**	ODA

Sudoku

#11

2	9		6	8				1
8		3	5	9				6
4		6			3		8	
6	8		7	3				
9	3				2	5		
5		4		6	8		7	
				7		3	5	9
	5			9				
			4	5				

#12

6			2	9				
1	9				5		6	2
5	3		6	8			7	
	2	6		5	8			9
	8						1	5
3	1					8		7
8				6		7	9	
	4				3			
	6	3			9		5	4

COMIENZO

FIN

#06

Colorante

```
P U O Y B M O I F G A I E D Y
L Z B H Z N L Y A C E R A I R
A R D I A Z W T K Z A R W B D
L Q M M W V E R D E U L W U Ú
U U R A J M O R I Z P L M J N
U L J Z U Z Z E A P L A T A I
X E L O S Q I P B O N A B R C
T M J P S A Z S H D M I O Q O
M R U M Q O E Z L E Z C N H U
T L A B X N R T R T N J I R V
T Í K B O A Z C A A A H T M I
V N V R A Y A S L L Q G A W S
R E T O S J T B A L T S U B U
L A R W L T O D K E K S K A A
P S X D P N Q M C S W R W Q L
```

AGUA	CREMA	PLATA
AZUL	DETALLES	RAYAS
AZUR	DIBUJAR	RETO
BLANCO	LÍNEAS	TRABAJO
BONITA	LUJOSO	ÚNICO
CALMA	MANO	VERDE
CERA	PATRONES	VISUAL

Rellenos De Palabras #07

3 Letras
ASA
ATA
CAÍ
EGO
IRÉ
MÁS
ODA
ONG
RON
SAL
SET
TAN
UNO
WON

4 Letras
ANSÍ
ASCO
BOOM
ERAS
JEEP
LAÚD
MALI
NENE
ONCE
ORAN
SAPO
VASO

5 Letras
AGUJA
ALTAR
ANOTA
ESTER
GANAR
IMITA
LEÑOS
LOESS
MEONA
ORNAR
OSADO
RALAS
RALOS
REATA
SALDA
SURGE

6 Letras
ACABAR
ACIAGO
ADORAN
GANARÁ
ISRAEL
PODÉIS

7 Letras
ACRITUD
ADORNAR
AIROSAS
AÑUSGAR
EDUCADO
GLASGOW
REPELÚS
TACONEO

8 Letras
AIREARSE
COMARCAL

Sudoku

							3	1
8		7	4		3			
						7		4
	4	6		5			1	
5				2	6			
	3		7	8			5	
		2						3
					1			6
4	1	9	6		8	5		

		5			9	6		7
		8		2	5	4		
	3		8			5		
8		3		6			4	5
7	6	2		4	8			3
9			3	1		8		
	4			8		7	9	
2		6			1			
3	9		2				6	

33

#07

COMIENZO

FIN

Moda Y Ropa

```
D L W N M É T R E N Z A R B T
A H J M S W E O U O R I F O C
M Y L R Z T X W I B C T E R O
A O O R R M R R I U V S D D L
L C D A C W O F D T E L A E O
D U A A K S D E P P J H D S R
I N P S E F S G W O E A O C P
T F K C U L O T T E S M P O B
O U C B X A W X H L R E T R B
M A M K N E L B X E A K A T Z
W O Q E K C P A H P B Z R A E
S R F I Z A T T V W R W O R K
U A T R A C T I V O K C G S Z
V S S N D H L K G Y Z E U A I
R S H A M É K A S W V T W E M
```

ACCESORIO	CASUAL	LAZOS
ADOPTAR	COLOR	MALDITO
ARTE	CORSÉ	MEZCLA
ATRACTIVO	CORTAR	MODA
BATIK	CULOTTES	SEDUCIR
BORDE	FIBRA	TELA
CACHÉ	HERMOSO	TRENZA

Rellenos De Palabras #08

URGIR

6 Letras

ALEVÍN
ALIARA
APULIA
ARPADA
ASESOR
ÉPICAS
ESCENA
ETÉREA
LLORAN
NIEGAN
POGROM
RESTAR
SOLAPO
TAIPEI

7 Letras

ACORDES
ESCOCÉS
FÁRRAGO
NORESTE
PEDIRÁN
RESCATE
SARNOSO
SONABAN
TRAMPAS
UNTADAS

TEAM

VICE

5 Letras

ÁPOCA
ARPAS
BASIC
CREAN
CREER
ENANO
LIOSO
PIOLA

4 Letras

ARTE
ATAN
DEÁN
DRIL
MALI
MIRO
NACE
PISA
RAER
RAND

3 Letras

ÉSA
FUE
LLE
MÁS
NOS
ORO
OSA
REA
SIN
TÉS

Sudoku

		1			6		4	9
		4		1	7			
	7		4		5	8		1
		8	6	7	3		1	5
	5	3		9				6
	1				8			
	4			5				
6								7
		7	8			4		3

3		4		1		8		
	9	8		6		2	7	
		6		8		4	5	1
5		2				6	4	
			2				1	
			6		4		9	
			1					
6		1			7			
		7	5	3				8

COMIENZO

FIN

Disciplina #09

```
N X K G U V D N U J U A S M M
T P T O T A L P R E M I O X A
V C A R R E S T A R I Y P C N
C O N S E J O A N L F A O T D
X Y Q A U G I L J Y E Y R U A
K U P U W D U F Q Q N G T A T
Z O I U O V E A C W S I A R I
P O T T R T S S C R T S R R L
O O S J A Z C O G C É S Y C A
C U R S O Z R L A A V D A D W
C K T O J T I U H M Z B I E S
Q U S C V F T C A N A D N T Q
H Q R P Z C U I C J R B M S O
D U R O S L R Ó C É C U L P A
F I R M A Y A N P B O R D E N
```

ACTITUD	CURSO	PÉRDIDA
ALEGAR	CUSTODIA	POPA
AMABLE	DURO	PREMIO
ARRESTAR	ESCRITURA	SOLUCIÓN
CONSEJO	FIRMA	SOPORTAR
CRÉDITO	LUCHA	TOTAL
CULPA	ORDEN	TREGUA

Rellenos De Palabras   #09

1	2	3	4		5	6		7	8	9	10	11
12				13			14					
15							16					
17							18					
19					20	21			22			
23			24		25			26				
		27				28	29				30	
	31	32			33	34				35	36	
37				38					39			
40			41			42	43		44			
45						46						
47						48						
49								50				

ACACIA
AMABLE
ASONAR
DANZIG
DECIDÍ
DERIVE
IMANAR
MUNICH
OLEAJE
ULULAR
USARÁN
ZAGREB

7 Letras
AFLORAN
ALARDES
ATREVIÓ
CARECEN
IDÓNEOS
MANCEBO
NEGRERO
REALICÉ

8 Letras
ARGELINO
BEBEDORA
CUALIDAD
SARCOMAS

3 Letras
ACÁ
AMA
CAÍ
CHE
CLO
DOS
ECO
EGO
EJE
GIS
IDO

PÚA

4 Letras
ARRE
CAPA
DALE
FETO
MOZA
OLER
OSAR
OSCO
REAS
SERÉ

5 Letras
ADOBA
ASUMA
BAILE
CASCA
CRIBA
DANDO
DOSEL
ONZAS
SANAR
SARAO

6 Letras

42

Sudoku

#17

2		7	4		9	8	5	
				3	7	2		
	8		5	2		6		
	7	2				9		
1			3				4	
	4			7	5	1	2	
4		5	1			7		
		1	7			3		
7	3		2		6	4		9

#18

	3		2		7		8	
8	2	5	3		1		9	
7		1	4				2	
					4	2		8
5	1		9		3			4
			7					
	8	2			5	7	1	9
	6				8			
		1					3	

43

#09

COMIENZO

FIN

Comedia

```
T E A T R O K C U W E S V H U
P L W E L E L L O D G E I I V
G L R I S A S N O N T P C Q P
Z A F L D W O C J I T V N C Y
M P Z N O T I P E A V E J Q E
U A E O W L N L L N O C X S O
T G W R B Z E O I S A Q I T O
A D T Ú H D L P B É Y R N A O
Q W P C W U Z Z R L X E I Q Z
Z A M O C S I S O O V I E O B
G T C Í B U A D S E V U T L R
B B D T Y M F M I F Q O I O A
T I P O O S H O W O W E C T V
R V Q R D R P L H A M Q B A O
W K B C Ó M I C O V C A G R R
```

ACTOR

AGENDA

BRAVO

BROMAS

CHOQUE

CÓMICO

CONTEXTO

DELEITE

ESCENARIO

EVENTO

ÉXITO

IDIOMA

LIBROS

PROVOCAR

PÚBLICO

RIDÍCULO

RISA

SHOW

TEATRO

TIPO

TONO

Rellenos De Palabras #10

MEGA
MESÉ
OREO
OROS
ÓSEO
PICO
PIEL
RAID
RASÓ
RICA
SUPO

5 Letras

GIZEH
OSUDO

6 Letras

AMIBAS
AÑOSOS
ARROYO
BEZOAR
EMBUDO
GDANSK
ISIDRO
LERDAS

7 Letras

ESCONDE
TÁRTARO

8 Letras

CABRIOLÉ
OJEADORA

ENEA
ERAS
ERIE
ETNA
GUAM
HADO
IODO
IRÁS
IRME
JAÉN
LOAS

4 Letras

AÍRE
ÁREA
BELT
BLOC
COSO
DADO
DOTA
EJEM
EJES
ELES

3 Letras

AME
APÁ
ÉSE
IBA
ISO
KAS
RED
SER
TÉS
YEN

Sudoku

		7		9		1	5	4
9				2	4			
5	4				7			
	6						1	5
	7	9		8			4	3
	3			4			2	
6				1	9			
			3					8
	5						7	1

4	1	2	3				8	
3		8		1	9			
9			7				4	
	2	3		7				4
1		4	9		3			
7	6						1	
8				6	4			1
			5		4	9	7	
2			1	9	7		3	8

COMIENZO

FIN

Zumbido #11

```
A E R O N A V E E W L R E U A
V T W V R R B X M F A N V L L
R L E C E Q O M R R S C A H T
D R O E M L E B G H U C N R I
X J A R O M P E T D S S C E T
T I Z B T P T Y O E A M M D U
P V M F O N A L O J R O D A D
W Í A V I A C I Ó N P R K D E
S R V H L Q Y T S L T P E A F
O H L C B S Q S I A E T R N L
M C U Á N G U L O B J N O A O
I N E M P A X L S N F E T H T
S L H A É R E O B M A B K E A
I B N R N U D E S I E R T O R
L A V A V O Y D R A S T R E O
```

AÉREO	ESCALA	RASTREO
AERONAVE	FLOTAR	REDADA
ALTITUD	INTEGRAR	REMOTO
ÁNGULO	LENTE	SÍMBOLO
AVIACIÓN	MISIL	SONAR
CÁMARA	OCEANO	TERRENO
DESIERTO	PAISAJE	VUELO

Rellenos De Palabras   #11

OCASO
SARAO
STAND
6 Letras
ADORAN
AJENJO
AMADAS
ARABIA
OCÉANO
ONAGRO
ORADOR
ROPAJE
SÍLICE
SONABA
TIENDE
TRENES
7 Letras
CEBANDO
COLGABA
DESASEO
DRACMAS
ENÉSIMO
ESTANCO
ICEBERG
LARINGE
MALETAS
MONTEAR
VINAGRE

3 Letras
EGO
ENE
MEM
OSO
SOR
VID
4 Letras
ANOS
ARRE
CESÓ

EJEM
ÉSTO
GOCE
JACA
OSAR
ÓSEO
ROTO
5 Letras
ADOBE
ADORA
AJOBO

ANDAR
ÁRABE
AUGES
COPAR
ENANO
GEODA
JARAL
LEGUA
LENTA
MIRLA
MODAS

Sudoku

9				7				6
4		5		3	9			
	2	6	8	4			9	
		1	7					8
5				6	8		2	9
								5
8			9	1	4	7		
							6	4
	4		5	8			3	

		8	4		6	9		
1	6					4	5	
						6	7	1
	4			7	3			
9	1	6		8	4			7
								2
3	9				1		8	
	8			2			6	4
			5			7		

#11

COMIENZO

FIN

#12 Exploradores

```
U N Í S O N O A O X F C J I F
S D I S E P K T K X M U M Q A
O T A W S I L V Y J F X N H N
U P G V P E Q I N H O T W D F
T G B W U D K V J O R F I T A
E H V S E A V Y S S T A I H R
R F E E L D W O R C A O W É R
R R Z G A Z B L Y O L H R P Ó
E W X W S I C R L A E C M I N
N H N T R X G P P E Z A D C O
O S V T D Q A Q J V A H S O Y
H O S T I L F A T I R O T E O
B E R U W Z I C H B O O Y B F
M I S A L V A J E U I T E P U
Ú L T I M O G O P R E S I Ó N
```

CAHOOTS
ÉPICO
ESPUELAS
ESTRIBOS
FANFARRÓN
FORTALEZA
FUNDA

HOSCO
HOSTIL
NOTORIO
OPRESIÓN
PASO
PIEDAD
RESUELTO

SALVAJE
SEBO
TERRENO
TIROTEO
ÚLTIMO
UNÍSONO
VIAJE

Rellenos De Palabras #12

OPINA
ORDEN
PEDÍA
REZOS
SERLE
SOLTÓ
TENED
VUELA

6 Letras
CORTAN
DURADO
EUROPA
RENANO

7 Letras
ALEANDO
ALEMANA
ANATEMA
CANTARA
EMPASTE
ERIALES
FIJADAS
NASALES
ODISEAS
ONAGROS
REBAJAS
RENUEVA
REVISAN
UTERINA

MONA
OPEN
OSAS
ZINC

5 Letras
ANOTA
ARROZ
CAZAS
ÉBANO
EVOCA
MURAR

TAC
TAU

4 Letras
AFÁN
APEA
ARAN
ASAR
ASAS
CAÍA
CERO
GENE

3 Letras
AME
ARA
ARE
ASÍ
ATA
DEL
MIS
MOR
NIN
SAN

Sudoku

	3	6	1					5
					9	3		
		1		2			4	6
				4	8	6	5	1
		9	5		7			
1		5						8
	9		7		1			3
6	2			3	5		7	
3					6			

	1				9	3		5
	9	8		4	2			
			1		6	9		
		6						
2		3	6		5	1		8
9	8			3				
8			5	2				7
3		9	4			2		
		7			8	6		

COMIENZO

FIN

Hablar En Público   #13

```
I N T E N C I Ó N D E B A T E
M K V Z A J Z Z A A N Z A L Z
P K T C X S F S E T T Q B C R
O C C O B S E R V A R Í U A M
R Y Ó F R C R S R A E D R U S
T F M A L P Q V L R G D R T X
A L O N O A E U C Y A F I E P
R F D X R Z C Z D W T A D L V
G Y O E T I X N A I U T O O U
J U N O T J L B E D S F F S F
B A B R K E Ó R W R S P H O O
M Q A R H Y G E U J V U U M R
I N C L U S I V O H J I M T M
V Y O Q Z N C E J H Z F O T A
C O N C I S O E D U C A R S L
```

ABURRIDO	DEBATE	INCLUSIVO
ARTICULAR	DISPUTA	INTENCIÓN
BREVE	EDUCAR	LÓGICO
CAUTELOSO	ENTREGA	MANERA
CÓMODO	FORMAL	NERVIOS
CONCISO	HUMOR	OBSERVAR
CREÍBLE	IMPORTAR	TORPEZA

Rellenos De Palabras #13

IRÍAN
LEÍDA
LIOSO
NADIE
OLEAR
PERDÍ
RABAT
SEDES
SIGAS
TIENE
VÉASE

6 Letras

DOMINE
ÉRAMOS
FOGAJE
OMISAS

7 Letras

ABADEJO
ACABABA
ASNALES
ASUSTAN
BÁSICAS
ERÍDANO
IMAGINA
MACADAM
MORIRSE
NASALES
ODISEAS
ORÉGANO

3 Letras

ACÁ
ADN
ALÁ
ARA
ASA
DEL
ERA
GAS
IRÁ
IZA
LÖG

NET
ODA
PSI
PTA
RES
RÍE
SAL
SET
SIC
TOA
UVA

4 Letras

ADÁN
APTO
ASNA
IBIS
IMÁN
SEAN

5 Letras

ALBAR
ASADA
BREAS
CAERÁ
FEROZ

62

Sudoku

#25

9							6	1
8	6				9			
7							5	3
				6	2			
	8	1					4	5
	3		1	5	4			
	7	6	9					
5					1		2	7
1		4		3	5			

#26

	6	9		2				
7		8		1	9	3		5
	4			7				8
							3	1
1	7			5	3			4
			1	4		9	5	
6					4	1		3
2				8				
4	1	5	6			8		

#13

COMIENZO

FIN

Amistad

```
F K Q C R P D O H O N O R S Q
H I O L M E Y F V F E K N J T
V I E S U A G M L U A L I R F
F D O L A B R A Z O D A N D O
N O T I P O E X L I E M A N T
W L U D C L R C X O U A W U E
F A S C I N A R U S S B M T C
T T C U I Y S W D R J L K R M
M R A G C W W A E I A E B I U
A A R A Á T D T U M B C M R T
B R I B F N N F E L I Z I O U
E Ñ I O E I F E O Z K I Ó O
S Z O B Y J C M O N D V F S N
O W S O Y R I T O L O A Z V S
S N O U I C C F O N A P K Q V
```

ABRAZO	CURACIÓN	LEAL
AFECTO	DANDO	MUTUO
AMABLE	FASCINAR	NOVIO
ÁNIMO	FELIZ	NUTRIR
BESOS	FIEL	OYENTE
BONDAD	HONOR	REGALOS
CARIÑOSO	IDOLATRAR	TIPO

Rellenos De Palabras #14

OMISO
REMAR
ROUND

6 Letras

ADORAN
AMANTE
ANCLAS
AZACÁN
IÓNICO
LIMOSA
MAGUEY
MINADA
NÓDULO
OBESAS
OPONEN
ORUGAS
RONDAS
SONORO

7 Letras

APLOMAR
ASOMABA
CALIDAD
CUELGAN
ELEGIDA
LANEROS
OJEROSO

ADANA
ÁLAMO
ANCHÓ
ÁNODO
APIOS
CHINA
ELLOS
ÍDOLO
MÓDEM
NÁCAR
NASAS

YES

4 Letras

LOBO
ODAS
PONE
RAER
ROMA
SALÍ
SETA
ZINC

5 Letras

3 Letras

AJO
AMA
AMO
ASÍ
DIO
IBA
OJO
OSA
SIC
USA

Sudoku

#27

	9	7		4	8	1		
4		2						
	6	1	3			4		
			8	9	4		6	7
9			2	5	7			
8	7				6		4	
						2		4
					5			1
1	3		6			8		

#28

2			6		9			
	6		2				4	
3	7							
		3	7				5	
4					1	3	7	
8			5	6	3	1	2	
5			1			9		
7	1	9			8	4		
	4	8		7	2			1

COMIENZO

FIN

Creatividad #15

```
D E H H G N X E K U K N Y N Y
J L S V E U E H S Ú N I C O D
C H U G G L E S C P P I P E E
C L A R I D A D E H E A Z I S
Y M I G Q D V T E N R C B S E
I Q N Q L E R Y Ú Z C A T U O
N N S F X A D R Z L A I R R S
F A T R A C T I V O T O A O O
O Y I E H N A E T P L I L C J
R J N V N O T L H I C V M N X
M P T I C S U A T T S I L O Y
E N O S L C O S S G W S H C N
S L E R O C E C U Í R I A I W
P R O D U C T O N V A Ó E Ó H
F L U I D E Z T W Q Z N V N E
```

ARTE	FANTASÍA	NOCIÓN
ATRACTIVO	FLUIDEZ	OCULTO
CLARIDAD	FRESCO	PRODUCTO
DESEOSO	IMAGEN	RARO
ESENCIA	INFORME	ÚLTIMO
ESPECTRO	INSTINTO	ÚNICO
ESTILO	INTENSO	VISIÓN

Rellenos De Palabras   #15

ASEADO

ASOLEO

CAIREL

CAUSAL

CORRAL

DADORA

DEJASE

DIJESE

DISPAR

ECCEMA

ESTADA

GIROLA

LLENOS

7 Letras

APAREJO

ATENTAR

INTRIGA

LIENDRE

NAIROBI

8 Letras

ACOBRADA

ALARGADA

CINGALÉS

CONSTARÁ

ESTIPULA

PERENNES

3 Letras	**4 Letras**	AGUJA	
CÍA	ABAD	ÁRABE	
DÍI	ADEN-	ATACA	
ECG	CALÓ	CODAL	
GAL	ELES	CURAS	
IRÉ	ESOS	LINEA	
NAO	LORD	RASAR	
NEO	LUJO	RELOJ	
OLA	MALA	**6 Letras**	
PIN	RALO	ALUDEN	
PRO	SISA	ANDABA	
TAL	**5 Letras**	ASEADA	

Sudoku

#29

2						5		
8		3	4	7		6		
4				2	6			8
	8	2	5	4		9		1
		6		1	8	7		
		1					5	4
7	3	4	8		1			
	9	8		5	4			
			7					6

#30

	9							
3	8	2			7		9	
	4		8	1		5		
7				9			6	1
	5							
	3	6	4	2		7		9
	1			3		6	7	
			6		4		1	
		4		5	1	2		8

#15

COMIENZO

FIN

#16 La Medicina Popular

```
R A V C B J A B D R V R V H D
L E Y B W X K N R Q C A I C G
K X M M P H K O U U G Í W H U
C O A E K A H R K G J C P A A
U A Y R D X G M Z S I E Q I R
F C M Í T I C A V H U S R T I
V Z U P C P O S N P I E L Í D
X Y J S O L P S O O I N F F A
A P B G F S K S E Z K M T Y F
O L N F S V A R A N W A M B S
C A P I H R U C W T H Y A V A
U N B A U S I D R Y O O Y P L
L T S C L F U Q Ú E F R J W V
T A A E E D E D A L E R A A E
O S D N A H L N A T A R N C S
```

BRUJERÍA	GUARIDA	PAGANO
CAMPOS	HAITÍ	PIEL
CREER	HOJAS	PLANTAS
CURAS	MAYOR	RAÍCES
DEDALERA	MÍTICA	REMEDIOS
DEL SUR	NORMAS	SALVES
EFICAZ	OCULTO	VUDÚ

Rellenos De Palabras #16

SOBAR
SOCIA
TATAS
TIRÓN

6 Letras

ACIMUT
ÁCRATA
ADOBOS
AGRIAS
ANSIAS
BESUGO
CAERÁN
CARTÓN
CORREN
DIRIGE
ÉTICOS
JULEPE
MEJIDA
OREGÓN
REÍRSE
ÚTEROS

7 Letras

ARENOSA
BÉISBOL
DESASEO
DICTARÁ
IDIOTAS
VETADAS

5 Letras	EDAD	**3 Letras**
ÁCIDA	EJEM	AYA
AMIBA	ENES	CID
ANANÁ	ERAN	DIO
ÁPODO	HABA	EÑE
BOTAS	MOHO	HAN
DECIR	NASA	MOR
ELIJA	OSAR	SOS
GOTAS	SACA	VAL
HORAS	SANA	**4 Letras**
RAROS	TESA	CACA

Sudoku

7				5			6	
8			7	2		5		
9					3	7	2	
	5		8	1	7	2		
	8		2			9		
	3		6		4			
1							3	9
	7			8			1	
		6	1	4				

6				8	5	3	7	
2	4							
3			7	9				
		8						6
	5		2		1			
		1		7			9	
		3			7	2		
5			1	6		8	4	
	7	4						

COMIENZO

FIN

#16

DIVERSIDAD #17

```
A B O G A C Í A S U P E R A R
C E P G G M E M I G R A N T E
D L C A R R E R A U V J Q D D
R R G A O J Q X Q F M U W A E
E E P Y P C S D L U X S L J S
C S O T D R Á C D Q D T G S A
H P S Y Y D I N D Í G E N A F
A E Q R E I N C L U S I Ó N Í
Z T Q I M I A G H A B R A Z O
O O C Q T P C R V O F O F M S
P O T E N C I A L P I A S E O
S E C B P U Ó H M D M I T G I
Y H R A D S N U O O C N Y M V
R E L I G I Ó N M A E L E U H
C U L T U R A S R G F P W M V
```

ABOGACÍA	DESAFÍOS	ODIO
ABRAZO	EL RESPETO	POTENCIAL
AJUSTE	EMIGRANTE	RACISMO
APOYO	GENTE	RECHAZO
CAPRICHO	INCLUSIÓN	RELIGIÓN
CARRERA	INDÍGENA	SOCIEDAD
CULTURAS	NACIÓN	SUPERAR

Rellenos De Palabras #17

RARAS

RAROS

USURA

6 Letras

ALBANY

BALADÍ

DIRHAM

ENEMAS

ISLEÑA

NOMBRE

PALMEO

PRUSIA

SOASAR

URÉTER

7 Letras

ASEADOS

AUSTERA

DECLARA

EGOÍSTA

EMBEBER

ESCOLAR

GUARAPO

MUTABLE

ODIOSOS

SOROCHE

TÁRTARO

3 Letras

AMO

CAR

DÍA

DRY

ETA

MEM

NOS

OSO

ROA

UNE

YEN

YOD

4 Letras

ABAD

ACTA

ARAR

ASAS

ATÚN

GAMO

GIRA

LAGO

META

OREO

OTRO

RATO

SPIN

TALA

5 Letras

ABUSO

ALERO

ARAÑA

CESES

DUROS

GEMIR

OTERO

Sudoku

		4						3
	2		1					
5				7	3		2	9
			7			9	6	1
	9	1	2		5			
8	6						5	
		2	3	9	7	4		
	4					6		5
9					6	3		

		7		5	2	8		6
			4	8		3		
	4	3	7		1		2	5
		6	9	7	5			4
2	5		1		8			
		8		4				
6	2	9			7	4		8
3					4	6	9	
	8	1		9			7	2

#17

COMIENZO

FIN

Cosmetología

```
F B R S Q M E J I L L A F L F
L S E C A D O R A B W E A N J
H I W U X L E N E D O Ñ D R O
I Q Z O V L Ó L L A H G F O
P M D B B Z M N Á T P N B L Y
K J P A N M U Y S F T W L I Q
F B M D G N V E A P L I C A R
A A S E D H P E Y D R Z P R V
B J D K Z T E O R B C R E M A
M G L V N C C O L G G S I E F
O R V Í U I L L G V Á K N S A
D S I N N O V A R L O Z E P C
E G Y Í C E J L Q N L C D E I
L T L R U U A I M A G E N J A
O C L R G Q W S E V L P D O L
```

ÁLOE	ESPEJO	MEZCLA
AMABLE	FACIAL	MODELO
APLICAR	IMAGEN	PEINE
BRILLO	INNOVAR	PESTAÑA
CLÍNICO	LÁSER	POLVO
COLOR	LÍNEAS	SALÓN
CREMA	MEJILLA	SECADORA

Rellenos De Palabras #18

FINGE
FUMAR
GULAG
LEJOS
LIOSA
OBRAS
ODRES
ONDAS
RACHA
ROTOR
SEGAR
TALUD

6 Letras

AGADIR
BILBAO
CÁMARA
CASUCA
FUSTÁN
LANCES

7 Letras

AGENDAS
ARENOSA
CENTAVO
COULOMB
HOGARES
INSANIA

8 Letras

ALARDOSA
CIANOSIS

PEDÍ
PEOR
PLUS
PTAS
SARA
SEIS

5 Letras

ABACÁ
ÁLABE
ALTAR
ASADA
BASIC

RIN
ROL
ROM
USE
VES

4 Letras

ANOS
APIS
BODA
CASI
FOSA
MÍAS

3 Letras

ARÓ
CID
DAR
DEN
INN
LID
MES
NEO
OLA
ONG
OSA

Sudoku

#35

			3	7		5		9
	5			4	6	2	7	3
9								4
						7	9	
2	7	3	8		9		1	
	9	6	1		7			8
	4		5	6	8	9	3	
	6							7
	1						4	5

#36

7							3	
		9	6		7			
							2	
4			1	5	9		7	6
6	1			7	8	5		
	9						8	4
			5	3		2	1	
9		1		8				3
3	5			9	4			

88

COMIENZO

FIN

#18

SOLUCIONES

#1

#2

#3

#4

#5

#6

#7

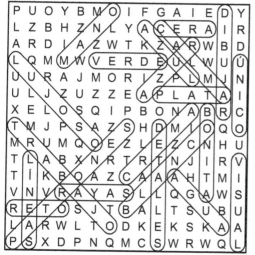

#8

#9

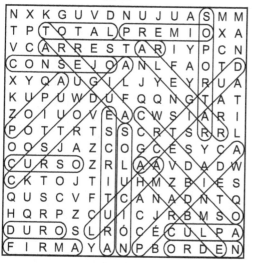

#10

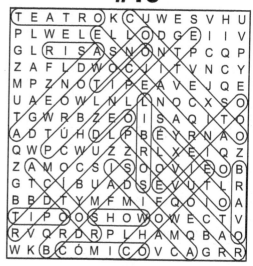

#11

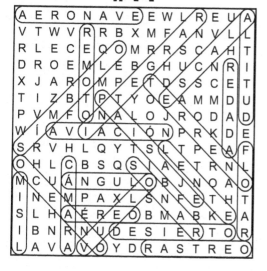

#12

#13

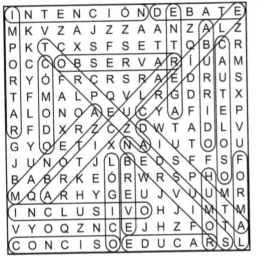

#14

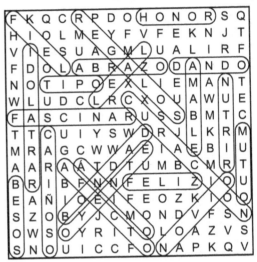

#15

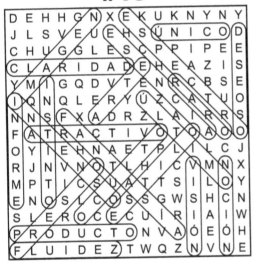

#16

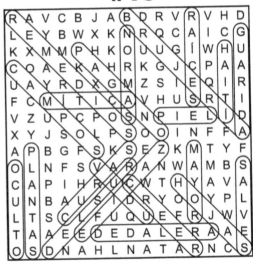

#17

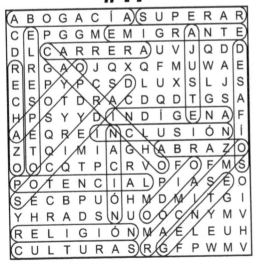

#18

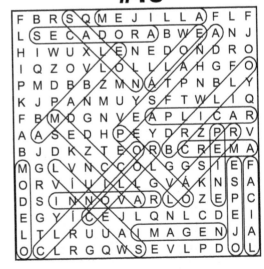

SOLUCIONES

#1

```
C O M A R C A L ■ P O P A
I S A B E L ■ I D O L O S
C A N E S U ■ N I P O N A
E D I L ■ B O E R ■ R E D
R O A ■ ■ V A H O ■ ■ O
O S C A ■ S I L A B E A R
■ ■ A L A ■ L ■ M U Y
G U S T I L L O ■ S E M I
O ■ ■ A R I A ■ ■ C O M
R A S ■ A B R I ■ E C H A
D R E S D E ■ O S T I O N
A R R E A R ■ D O N O S A
S E A S ■ A S O L A N A R
```

#2

```
P A S T A S ■ G A T A D A
E N C A R N E ■ S E R A S
T O R N E O S ■ T A R D E
O S E A ■ B O H E M I O S
■ ■ E T C ■ S E R ■ A R O
I G N E A S ■ R ■ A R A R
N ■ ■ Z L O T Y ■ ■ A
F E T O ■ A ■ Z A N J A R
E N E ■ A N O ■ C O A
C O N T A G I A ■ M U D O
T R I A R ■ A M O B L A R
A M A L O ■ N A R R A D A
R E N A N O ■ S O A S A R
```

#3

```
I S R A E L ■ V E R E D A
M E O L L O ■ O R E J A S
A N D A B A ■ L I M E Ñ A
N A O ■ A ■ U V E ■ C I D
A ■ B ■ A S I ■ H U N O
R E D O N D A ■ M O T O R
■ ■ I B O N ■ R I G E ■
B A S A N ■ P I S A N D O
A P I S ■ A U N ■ R ■ N
C O M ■ M U S ■ L ■ T I C
E D U C A N ■ R E S I D E
T O L O S A ■ E V I T E N
A S O L A R ■ D E C I M A
```

#4

```
A M P A R A ■ B U C E A R
V E R N A L ■ E R A S M O
A S I G N E ■ T E R C A S
L E V E D A D ■ A N U L A
E R A L ■ E ■ E D A D
S O R ■ L A M E N T O S O
■ ■ M E L O S O S ■
E S L O V E N O S ■ O D A
R A I D ■ I ■ E R A N
A C N E S ■ O T O M A N A
M A D R I D ■ A Y U D E N
O R A N D O ■ C E L O S A
S A R A O S ■ O S A R A S
```

#5

```
P A Y A S O S ■ O B R A N
I B E R I C A ■ P R I M A
E R R A N T E ■ T U B O S
N E T ■ E T C E T E R A
S N O B ■ T A L ■ T O S
A ■ L E O ■ O C R E S
N A B O S ■ P I S O S
■ S A C A R ■ P U A ■ I
B O A ■ I R A ■ D A T E
I L L I N O I S ■ B I S
C E I B A ■ C A B A R E T
H A T O S ■ O R E J A N A
A R A N A ■ S A L O N E S
```

#6

```
H I C E ■ B L O C ■ R E D
E N O R M E ■ B O L E R O
R U B I ■ T ■ R U E C A S
■ I R E ■ I T A L I A
A T A ■ A C I D O ■ M O L
G ■ P ■ A C A M P A D A
U L T R A ■ B O R A X
A E R O L I T O ■ S ■ O
R U A ■ C R O C O ■ M A S
■ U S A R S E ■ S E T
D O M I N E ■ A ■ O T R O
A V A N Z A ■ N I Ñ E A R
S O S ■ O L M O ■ O R E A
```

#7

```
A C A B A R ■ A C I A G O
T A C O N E O ■ O R N A R
A I R O S A S ■ M E O N A
■ ■ I M I T A ■ A ■ T A N
S E T ■ A D O R N A R ■ ■
A G U J A ■ O N C E ■ ■ V
P O D E I S ■ G A N A R A
O ■ ■ E R A S ■ L E Ñ O S
■ R E P E L U S ■ ■ U N O
M A S ■ A ■ R A L A S ■ ■
A L T A R ■ G L A S G O W
L O E S S ■ ■ E D U C A D O
I S R A E L ■ A D O R A N
```

#8

```
C R E E R ■ S O N A B A N
R E S T A R ■ S O L A P O
E S C E N A ■ A S E S O R
A C O R D E S ■ ■ V I C E
N A C E ■ R ■ E P I C A S
■ T E A M ■ S I N ■ ■ T ■
T E S ■ A R P A S ■ F U E
R ■ L L E ■ ■ A T A N ■ ■
A P U L I A ■ D ■ A R T E
M I R O ■ P E D I R A N
P O G R O M ■ A R P A D A
A L I A R A ■ N I E G A N
S A R N O S O ■ L I O S O
```

#9

```
M O Z A ■ S A R C O M A S
A L A R D E S ■ A S U M A
N E G R E R O ■ S A N A R
C A R E C E N ■ C R I B A
E J E ■ I ■ A C A ■ C L O
B E B E D O R A ■ C H E ■
O ■ ■ G I S ■ P U A ■ I
■ I D O ■ C U A L I D A D
A M A ■ D O S ■ U ■ E C O
D A N D O ■ A F L O R A N
O N Z A S ■ R E A L I C E
B A I L E ■ A T R E V I O
A R G E L I N O ■ R E A S
```

#10

```
P I E L ■ I B A ■ B L O C
I R M E ■ S E R ■ ■ ■ O
C A B R I O L E ■ E J E S
O S U D O ■ T A R T A R O
■ ■ D A D O ■ ■ E N E A
A Ñ O S O S ■ G D A N S K
P ■ ■ E ■ U ■ ■ ■ A
A R R O Y O ■ A M I B A S
■ A I R E ■ ■ M E S E ■
E S C O N D E ■ G I Z E H
L O A S ■ O J E A D O R A
E ■ ■ T E S ■ R A I D
S U P O ■ A M E ■ O R E O
```

#11

```
J A C A ■ E J E M ■ V I D
A D O R A N ■ S I L I C E
R O P A J E ■ T R E N E S
A R A B E ■ C O L G A B A
L A R I N G E ■ A U G E S
■ ■ A J O B O ■ A R R E
M E M ■ O C A S O ■ E G O
A N O S ■ E N A N O ■ ■
L E N T A ■ D R A C M A S
E S T A N C O ■ G E O D A
T I E N D E ■ O R A D O R
A M A D A S ■ S O N A B A
S O R ■ R O T O ■ O S E O
```

#12

```
E M P A S T E ■ A F A N
V U E L A ■ U T E R I N A
O R D E N ■ R E B A J A S
C A I A ■ M O N A ■ A T A
A R A N ■ O P E N ■ D E L
■ ■ D U R A D O ■ A M E
C E R O ■ ■ ■ O S A S
A R E ■ C O R T A N ■ ■
N I N ■ A P E A ■ A S A R
T A U ■ Z I N C ■ G E N E
A L E M A N A ■ A R R O Z
R E V I S A N ■ S O L T O
A S A S ■ O D I S E A S
```

97

#13

```
APTO . ARA . IMAN
LEIDA . ACABABA
BREAS . BASICAS
ADN . UVA . ASADA
RIE . SET . . DEL
. . PTA . FOGAJE
OMISAS . ERAMOS
DOMINE . RES
IRA . . LOG . SIC
SIGAS . IZA . ERA
ERIDANO . NADIE
ASNALES . OLEAR
SEAN . TOA . ASNA
```

#14

```
LIMOSA . AZACAN
ADORAN . MINADA
NODULO . ANCLAS
ELEGIDA . CHINA
ROMA . OSA . ODAS
O . S . OJO . . A
SIC . AMO . DIO
. U . USA . O . J
RAER . IBA . PONE
ELLOS . APLOMAR
MAGUEY . IONICO
AMANTE . OBESAS
RONDAS . SONORO
```

#15

```
ASEADA . ECCEMA
DISPAR . CAUSAL
ESTADA . GIROLA
NAIROBI . RASAR
. PERENNES . . G
AGUJA . TAL . CIA
CALO . PRO . LORD
OLA . DII . LINEA
B . CINGALES
RELOJ . ATENTAR
ALUDEN . ANDABA
DEJASE . CORRAL
ASOLEO . ASEADO
```

#16

```
HABA . EÑE . EDAD
OREGON . JULEPE
REIRSE . ETICOS
ANSIAS . MEJIDA
SOBAR . G . RAROS
. SOS . MOHO . E
VAL . BOTAS . DIO
E . ERAN . CID
TATAS . S . SOCIA
ACIMUT . CARTON
DIRIGE . ACRATA
ADOBOS . CAERAN
SANA . AYA . NASA
```

#17

```
ABUSO . GUARAPO
RAROS . ESCOLAR
ALERO . MUTABLE
RATO . GIRA . AMO
. DECLARA . UNE
DIRHAM . O . YOD
R . EGOISTA . I
YEN . O . PRUSIA
. NOS . ODIOSOS
MEM . ATUN . TALA
EMBEBER . CESES
TARTARO . ARAÑA
ASEADOS . RARAS
```

#18

```
CIANOSIS . PTAS
ONG . DEN . ALABE
USE . RIN . GULAG
LANCES . CASUCA
ONDAS . LID . DAR
MIAS . PEDI
BASIC . J . RACHA
. ANOS . PEOR
OLA . MES . FINGE
BILBAO . FUSTAN
ROTOR . ROM . ARO
ASADA . OSA . VES
SARA . ALARDOSA
```

SOLUCIONES

#1

1	2	6	9	7	5	4	8	3
7	5	8	3	2	4	1	6	9
4	9	3	6	8	1	7	2	5
9	4	7	5	3	8	2	1	6
5	6	1	2	9	7	8	3	4
8	3	2	4	1	6	9	5	7
2	8	9	7	6	3	5	4	1
3	7	5	1	4	2	6	9	8
6	1	4	8	5	9	3	7	2

#2

4	9	7	3	5	2	1	6	8
2	3	1	4	8	6	5	9	7
6	8	5	7	1	9	3	2	4
5	6	3	2	9	4	7	8	1
8	2	4	5	7	1	6	3	9
7	1	9	8	6	3	4	5	2
1	7	2	9	3	5	8	4	6
9	5	6	1	4	8	2	7	3
3	4	8	6	2	7	9	1	5

#3

3	5	2	6	1	9	7	4	8
9	6	4	5	8	7	1	3	2
1	8	7	4	2	3	9	5	6
7	2	9	8	5	6	4	1	3
5	3	1	9	4	2	6	8	7
6	4	8	3	7	1	2	9	5
8	1	6	7	3	4	5	2	9
4	9	5	2	6	8	3	7	1
2	7	3	1	9	5	8	6	4

#4

3	8	2	6	9	7	4	5	1
6	1	4	3	5	2	8	7	9
7	9	5	8	1	4	6	3	2
4	7	8	1	3	6	9	2	5
1	3	6	5	2	9	7	8	4
2	5	9	7	4	8	3	1	6
5	6	1	4	8	3	2	9	7
9	4	3	2	7	1	5	6	8
8	2	7	9	6	5	1	4	3

#5

9	2	7	4	8	1	3	5	6
1	3	4	7	5	6	8	2	9
6	8	5	2	3	9	4	7	1
5	7	6	3	4	2	9	1	8
4	9	8	6	1	7	2	3	5
2	1	3	5	9	8	6	4	7
7	6	1	8	2	3	5	9	4
3	4	9	1	6	5	7	8	2
8	5	2	9	7	4	1	6	3

#6

8	1	3	4	2	9	7	5	6
4	5	9	1	7	6	3	2	8
2	6	7	5	8	3	1	4	9
3	7	8	2	9	1	4	6	5
9	2	6	7	4	5	8	3	1
1	4	5	3	6	8	9	7	2
7	9	1	6	5	4	2	8	3
5	3	4	8	1	2	6	9	7
6	8	2	9	3	7	5	1	4

#7

8	2	6	9	3	1	7	4	5
4	7	3	5	6	8	1	2	9
9	1	5	2	7	4	6	3	8
2	3	1	4	8	5	9	7	6
5	6	9	7	1	2	3	8	4
7	4	8	6	9	3	5	1	2
1	9	4	3	2	6	8	5	7
3	5	7	8	4	9	2	6	1
6	8	2	1	5	7	4	9	3

#8

3	1	5	4	9	6	2	7	8
9	6	2	1	7	8	3	5	4
4	8	7	3	2	5	1	9	6
7	5	6	8	4	2	9	1	3
1	9	4	5	3	7	6	8	2
8	2	3	6	1	9	5	4	7
2	3	9	7	8	1	4	6	5
6	4	8	9	5	3	7	2	1
5	7	1	2	6	4	8	3	9

#9

5	3	7	8	1	6	9	2	4
8	6	2	3	4	9	1	7	5
1	4	9	5	2	7	3	6	8
6	1	3	4	9	2	5	8	7
7	2	4	1	8	5	6	9	3
9	5	8	6	7	3	4	1	2
4	7	1	9	3	8	2	5	6
2	9	5	7	6	4	8	3	1
3	8	6	2	5	1	7	4	9

#10

2	5	7	8	1	6	9	4	3
3	8	4	2	9	5	1	6	7
1	9	6	7	3	4	8	2	5
8	7	3	6	2	9	5	1	4
9	2	5	1	4	3	6	7	8
6	4	1	5	7	8	2	3	9
7	1	8	4	5	2	3	9	6
5	3	2	9	6	7	4	8	1
4	6	9	3	8	1	7	5	2

#11

2	9	5	6	8	4	7	3	1
8	1	3	5	9	7	2	4	6
4	7	6	2	1	3	9	8	5
6	8	1	7	3	5	4	9	2
9	3	7	1	4	2	5	6	8
5	2	4	9	6	8	1	7	3
1	4	2	8	7	6	3	5	9
7	5	8	3	2	9	6	1	4
3	6	9	4	5	1	8	2	7

#12

6	7	4	2	9	1	5	3	8
1	9	8	7	3	5	4	6	2
5	3	2	6	8	4	9	7	1
7	2	6	1	5	8	3	4	9
4	8	9	3	2	7	6	1	5
3	1	5	9	4	6	8	2	7
8	5	1	4	6	2	7	9	3
9	4	7	5	1	3	2	8	6
2	6	3	8	7	9	1	5	4

#13

9	2	4	5	6	7	8	3	1
8	6	7	4	1	3	9	2	5
1	5	3	8	9	2	7	6	4
7	4	6	3	5	9	2	1	8
5	9	8	1	2	6	3	4	7
2	3	1	7	8	4	6	5	9
6	7	2	9	4	5	1	8	3
3	8	5	2	7	1	4	9	6
4	1	9	6	3	8	5	7	2

#14

1	2	5	4	3	9	6	8	7
6	7	8	1	2	5	4	3	9
4	3	9	8	7	6	5	2	1
8	1	3	9	6	7	2	4	5
7	6	2	5	4	8	9	1	3
9	5	4	3	1	2	8	7	6
5	4	1	6	8	3	7	9	2
2	8	6	7	9	1	3	5	4
3	9	7	2	5	4	1	6	8

#15

5	3	1	2	8	6	7	4	9
8	6	4	9	1	7	5	3	2
2	7	9	4	3	5	8	6	1
4	2	8	6	7	3	9	1	5
7	5	3	1	9	4	2	8	6
9	1	6	5	2	8	3	7	4
3	4	2	7	5	1	6	9	8
6	8	5	3	4	9	1	2	7
1	9	7	8	6	2	4	5	3

#16

3	5	4	7	1	2	9	8	6
1	9	8	4	6	5	2	7	3
2	7	6	9	8	3	4	5	1
5	8	2	3	9	1	6	4	7
4	6	9	2	7	8	3	1	5
7	1	3	6	5	4	8	9	2
8	3	5	1	2	9	7	6	4
6	2	1	8	4	7	5	3	9
9	4	7	5	3	6	1	2	8

#17

2	1	7	4	6	9	8	5	3
6	5	4	8	3	7	2	9	1
3	8	9	5	2	1	6	7	4
5	7	2	6	1	4	9	3	8
1	9	6	3	8	2	5	4	7
8	4	3	9	7	5	1	2	6
4	6	5	1	9	3	7	8	2
9	2	1	7	4	8	3	6	5
7	3	8	2	5	6	4	1	9

#18

9	3	4	2	5	7	1	8	6
8	2	5	3	6	1	4	9	7
7	6	1	4	8	9	3	2	5
6	7	9	5	1	4	2	3	8
5	1	8	9	2	3	6	7	4
2	4	3	8	7	6	9	5	1
3	8	2	6	4	5	7	1	9
1	9	6	7	3	8	5	4	2
4	5	7	1	9	2	8	6	3

#19

3	2	7	8	9	6	1	5	4
9	1	6	5	2	4	3	8	7
5	4	8	1	3	7	2	9	6
4	6	2	9	7	3	8	1	5
1	7	9	2	8	5	6	4	3
8	3	5	6	4	1	7	2	9
6	8	4	7	1	9	5	3	2
7	9	1	3	5	2	4	6	8
2	5	3	4	6	8	9	7	1

#20

4	1	2	3	6	5	7	8	9
3	7	8	4	1	9	5	2	6
9	5	6	7	2	8	1	4	3
5	2	3	6	7	1	8	9	4
1	8	4	9	5	3	2	6	7
7	6	9	8	4	2	3	1	5
8	9	7	2	3	6	4	5	1
6	3	1	5	8	4	9	7	2
2	4	5	1	9	7	6	3	8

#21

9	3	8	2	7	5	4	1	6
4	1	5	6	3	9	2	8	7
7	2	6	8	4	1	5	9	3
3	9	1	7	5	2	6	4	8
5	7	4	1	6	8	3	2	9
6	8	2	4	9	3	1	7	5
8	6	3	9	1	4	7	5	2
1	5	9	3	2	7	8	6	4
2	4	7	5	8	6	9	3	1

#22

7	5	8	4	1	6	9	2	3
1	6	2	3	9	7	4	5	8
4	3	9	8	5	2	6	7	1
2	4	5	1	7	3	8	9	6
9	1	6	2	8	4	5	3	7
8	7	3	9	6	5	1	4	2
3	9	7	6	4	1	2	8	5
5	8	1	7	2	9	3	6	4
6	2	4	5	3	8	7	1	9

#23

9	3	6	1	7	4	8	2	5
4	8	2	6	5	9	3	1	7
7	5	1	8	2	3	9	4	6
2	7	3	9	4	8	6	5	1
8	6	9	5	1	7	4	3	2
1	4	5	3	6	2	7	9	8
5	9	4	7	8	1	2	6	3
6	2	8	4	3	5	1	7	9
3	1	7	2	9	6	5	8	4

#24

6	1	2	8	7	9	3	4	5
5	9	8	3	4	2	7	1	6
7	3	4	1	5	6	9	8	2
1	7	6	2	8	4	5	3	9
2	4	3	6	9	5	1	7	8
9	8	5	7	3	1	2	6	4
8	6	1	5	2	3	4	9	7
3	5	9	4	6	7	8	2	1
4	2	7	9	1	8	6	5	3

#25

9	4	5	2	7	3	8	6	1
8	6	3	5	1	9	4	7	2
7	1	2	4	8	6	9	5	3
4	5	7	8	6	2	1	3	9
6	8	1	3	9	7	2	4	5
2	3	9	1	5	4	7	8	6
3	7	6	9	2	8	5	1	4
5	9	8	6	4	1	3	2	7
1	2	4	7	3	5	6	9	8

#26

3	6	9	8	2	5	4	1	7
7	2	8	4	1	9	3	6	5
5	4	1	3	7	6	2	9	8
9	5	4	2	6	8	7	3	1
1	7	2	9	5	3	6	8	4
8	3	6	1	4	7	9	5	2
6	8	7	5	9	4	1	2	3
2	9	3	7	8	1	5	4	6
4	1	5	6	3	2	8	7	9

#27

3	9	7	5	4	8	1	2	6
4	8	2	9	6	1	7	5	3
5	6	1	3	7	2	4	8	9
2	1	3	8	9	4	5	6	7
9	4	6	2	5	7	3	1	8
8	7	5	1	3	6	9	4	2
6	5	8	7	1	3	2	9	4
7	2	9	4	8	5	6	3	1
1	3	4	6	2	9	8	7	5

#28

2	8	4	6	3	9	7	1	5
9	6	5	2	1	7	8	4	3
3	7	1	4	8	5	2	9	6
1	2	3	7	9	4	6	5	8
4	5	6	8	2	1	3	7	9
8	9	7	5	6	3	1	2	4
5	3	2	1	4	6	9	8	7
7	1	9	3	5	8	4	6	2
6	4	8	9	7	2	5	3	1

#29

2	6	7	1	8	9	5	4	3
8	1	3	4	7	5	6	2	9
4	5	9	3	2	6	1	7	8
3	8	2	5	4	7	9	6	1
5	4	6	9	1	8	7	3	2
9	7	1	6	3	2	8	5	4
7	3	4	8	6	1	2	9	5
6	9	8	2	5	4	3	1	7
1	2	5	7	9	3	4	8	6

#30

5	9	1	2	6	3	8	4	7
3	8	2	5	4	7	1	9	6
6	4	7	8	1	9	5	2	3
7	2	8	3	9	5	4	6	1
4	5	9	1	7	6	3	8	2
1	3	6	4	2	8	7	5	9
8	1	5	9	3	2	6	7	4
2	7	3	6	8	4	9	1	5
9	6	4	7	5	1	2	3	8

#31

7	4	2	9	5	8	3	6	1
8	6	3	7	2	1	5	9	4
9	1	5	4	6	3	7	2	8
6	5	9	8	1	7	2	4	3
4	8	1	2	3	5	9	7	6
2	3	7	6	9	4	1	8	5
1	2	8	5	7	6	4	3	9
5	7	4	3	8	9	6	1	2
3	9	6	1	4	2	8	5	7

#32

6	1	9	4	8	5	3	7	2
2	4	7	3	1	6	9	5	8
3	8	5	7	9	2	4	6	1
7	3	8	9	5	4	1	2	6
9	5	6	2	3	1	7	8	4
4	2	1	6	7	8	5	9	3
8	6	3	5	4	7	2	1	9
5	9	2	1	6	3	8	4	7
1	7	4	8	2	9	6	3	5

#33

1	7	4	6	2	9	5	8	3
3	2	9	1	5	8	7	4	6
5	8	6	4	7	3	1	2	9
2	3	5	7	8	4	9	6	1
4	9	1	2	6	5	8	3	7
8	6	7	9	3	1	2	5	4
6	5	2	3	9	7	4	1	8
7	4	3	8	1	2	6	9	5
9	1	8	5	4	6	3	7	2

#34

9	1	7	3	5	2	8	4	6
5	6	2	4	8	9	3	1	7
8	4	3	7	6	1	9	2	5
1	3	6	9	7	5	2	8	4
2	5	4	1	3	8	7	6	9
7	9	8	2	4	6	1	5	3
6	2	9	5	1	7	4	3	8
3	7	5	8	2	4	6	9	1
4	8	1	6	9	3	5	7	2

#35

6	2	4	3	7	1	5	8	9
8	5	1	9	4	6	2	7	3
9	3	7	2	8	5	1	6	4
1	8	5	6	3	4	7	9	2
2	7	3	8	5	9	4	1	6
4	9	6	1	2	7	3	5	8
7	4	2	5	6	8	9	3	1
5	6	9	4	1	3	8	2	7
3	1	8	7	9	2	6	4	5

#36

7	4	6	8	2	5	9	3	1
2	3	9	6	1	7	8	4	5
1	8	5	3	9	4	6	2	7
4	2	8	1	5	9	3	7	6
6	1	3	4	7	8	5	9	2
5	9	7	2	6	3	1	8	4
8	7	4	5	3	6	2	1	9
9	6	1	7	8	2	4	5	3
3	5	2	9	4	1	7	6	8

SOLUCIONES

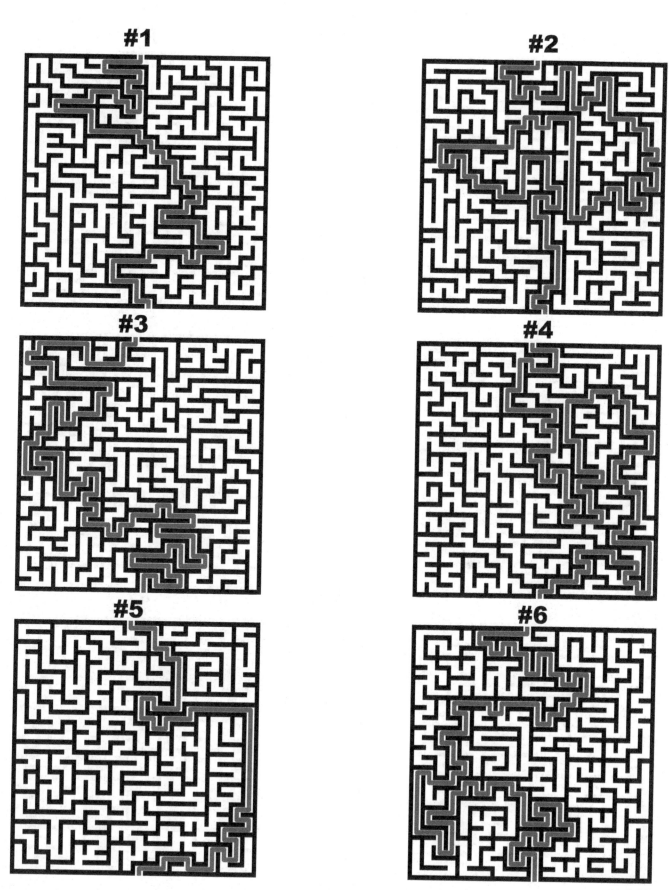

#1

#2

#3

#4

#5

#6

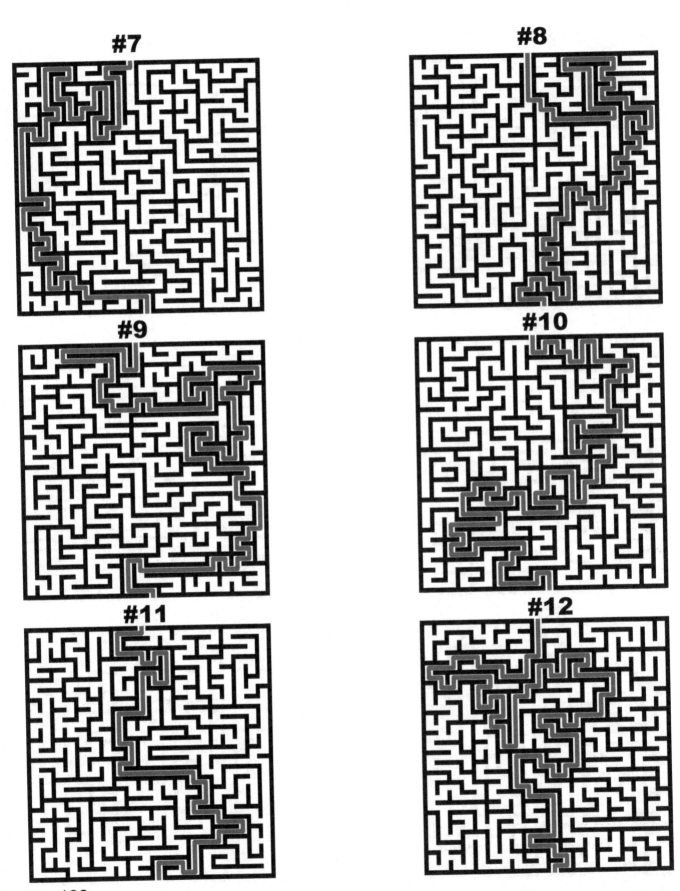

#7 #8

#9 #10

#11 #12

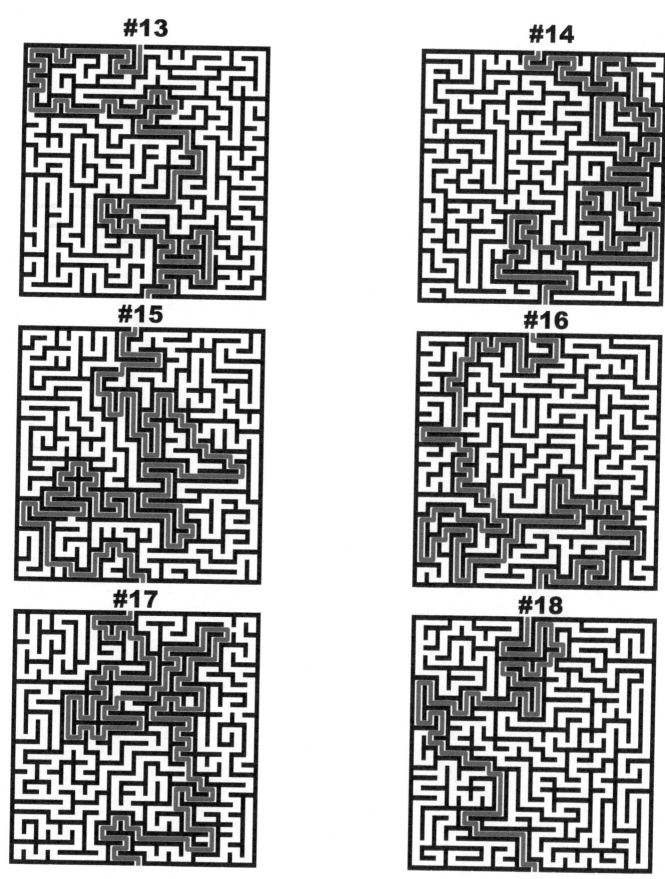

#13 #14 #15 #16 #17 #18